Serment de Monsieur le Président

Recueil de poèmes

Dougoudia Konaté

© 2021 Dougoudia Konaté
Herstellung und Verlag: BoD – Books on Demand, Norderstedt
ISBN: 9783753482750

Table des matières

3

Préface

Un seul serment surtout celui d'un président peut influer positivement ou négativement sur le destin d'une nation entière. Jurer de respecter et de faire respecter la constitution, de faire protéger les minorités et les majorités, de faire préserver la vie, de favoriser la croissance ... sont des engagements généralement pris par les Hommes politiques, qui une fois au pouvoir sont courtisés par la droite tout comme par la gauche. Aussi le luxe et les avantages liés à la fonction les éloignent peu à peu de leurs peuples, qui crient à travers marches, meetings, désobéissances civiles et insurrections leur ras-le-bol. Ces mouvements sociaux sont la résultante de cette République des contraires qui s'installe et qui floue au pied les acquis constitutionnellement garantis. Elle contribue à fabriquer des émigrés, victimes de politiciens inhumains et hypocrites. Comptant sur la grâce divine, chaque émigré essaye de prendre en main son propre destin en espérant faire mieux que son père ! La jeunesse se lance ainsi dans les bras du désert et de la mer et pour arriver en immigrés traumatisés et angoissés dans leurs pays d'accueil respectifs. Ce présent recueil de poèmes voudrait s'inscrire dans une dynamique de sensibilisation et de réflexion sur le jeu démocratique, dont les règles de bases restent parfois méconnues des populations à la base. Les poèmes sont rédigés dans un style assez simple pour une compréhension et une interprétation plus facile. Même si dans le domaine de la littérature, l'interprétation n'est toujours pas chose aisée. Elle reste un domaine encore figé dans les encodages classiques : code herméneutique, code structuraliste, code adamique, code culturel ...

Serment de président reste avant tout une œuvre en vue de susciter une prise de conscience réelle du citoyen sur son devenir et celui de son pays. En optant pour le titre Serment de Monsieur le Président, l'idée est de susciter l'engouement du citoyen sur l'exercice du pouvoir et la prise de conscience des dérives qui peuvent en découler, afin de susciter un débat intelligent.

Makaiboo Ousmane Somah

5

À Dogba, Bandama, Ziebeno!

Serment de Monsieur Le Président

Je jure de consacrer toutes mes forces au bien du Peuple!
Serment mensonger d'une illusion sans pareille
Autant dire, Monsieur le Président,
Je jure dévouer toutes mes forces au bien de ma famille,
Dont les intérêts priment sur ceux de la nation,
Dont je tiens aux intérêts comme aux prunelles de mes yeux

Je jure d'assurer le bien du Peuple,
Je jure de le préserver de tout dommage!
Serment d'hypocrite !
Autant dire, Monsieur le Président,
Je jure d'assurer et perpétuer notre dynastie
De préserver toutes ces puissances et
Multinationales, qui ont œuvré à m'installer
Contre la vérité des urnes nationales
De préserver de tout dommage
Notre fraternité et notre confrérie!

Autant dire, Monsieur le Président,
Je jure de remplir en toute âme et conscience
Mes devoirs et charges confraternels,
De respecter les closes de la fraternité et de la confrérie,

Je jure de respecter et de défendre la Constitution,
Socle du fondement de la République!
Serment démagogique !
Autant dire, Monsieur le Président,
Je jure de soumettre la Constitution à mes souhaits
Souhaits individuels, de la reformer selon mes humeurs,
Les humeurs de ma famille

Je jure d'être juste envers le Peuple,
Détenteur de la souveraineté républicaine!
Serment mensonger et hypocrite!
Autant dire, Monsieur le Président
Je jure d'acquérir la justice à ma cause

8

D'entretenir une justice acquise
Une justice à plusieurs variables
Une justice à double vitesse
Tatillonne à l'égard du riche,
Efficace et légaliste à l'égard du pauvre
Je jure, je jure, je jure!

Dougoudia Konaté

Courtisans d'un jour

Ils ont la langue mielleuse, la bouche
Pleine que de promesses, celle d'un jeune homme
Aux premières rencontres de son amante
Ils feront tout pour tous, s'ils ont l'onction de tous
Pour accéder à leurs échelons visés !

Que ne feront-ils pas s'ils ont notre onction
S'ils ont notre petite voix à nous?
Une petite voix qui leur est chère
Pour réaliser leurs rêves, les rêves à eux,
Sciemment confondus aux nôtres

À manger, ils nous donneront à tous
Ils travailleront pour nous, pour notre bonheur
Ils nous construiront des écoles pour le bonheur
De nos enfants toujours restés sans école
Ils nous bitumeront nos routes
Ils nous sortiront du calvaire de l'enclavement

Pour notre bonheur, pour le bonheur de la nation,
Ils se battront contre l'injustice, la corruption,
Contre tous ces maux rongeurs de la nation,
Dont ils sont eux-mêmes les véritables auteurs
Mais en sont devenus d'occasionnels pourfendeurs !

En campagne électorale chez nous,
De l'argent, ils en distribueront pour convaincre
Des menaces voilées, ils en feront pour contraindre
Dans nos villages ils se confondront à nous
Nos plats, ils les partageront sans clivage
Ils boiront notre eau, dans notre calebasse
Juste pour se confondre à nous,
Pour avoir notre sympathie,
Juste pour nos voix, ces voix,
Qui leur valent de l'or pour
Réaliser leurs rêves, les rêves à eux!
Les nôtres sont abandonnés,
Et avec nous dans les oubliettes,
Tandis qu'eux, ils se réalisent,
Eux, ces courtisans d'un jour

10

Ces oiseaux saisonniers nommés politiciers,
N'apparaissent que pendant leur saison, dite élections
N'apparaissent que pendant le semis pour picorer,
Eux, ces politiciens aux costumes
Ne connaissent chez nous que quand l'heure a sonné,
L'heure des élections pour nous voler notre bien,
Ce seul bien dont nous disposons : Notre Voix !

Dougoudia Konaté

Croissance à l'africaine

Croissance à l'africaine, croissance aux allures
Paradoxales, aux fondamentaux en pourriture,
Croissance dans des États quoiqu'en fracture,
Dont la mal gouvernance constitue la culture
États dans lesquels tout se conjugue en rupture
Des produits de première nécessité en rupture
Des populations en rupture de confiance
Des dirigeants entre vie de jouissance et de réjouissance,
Coûtant au budget des dépenses en excroissance,

Croissance à l'africaine, une croissance
En dépit de l'ambiante ignorance,
Dans laquelle est plongée la jeunesse,
Une jeunesse en proie aux multiples insuffisances,
Insuffisance de formation, d'emplois
Une jeunesse pourtant motrice et essence de développement

Croissance aux allures vaines, car sans incidence
Sur le quotidien des peuples en sempiternelle souffrance,
Aux attributs de bourreaux dont les peuples sont
Devenus inévitablement des victimes

Croissance aux indices suscitant la méfiance,
Celle de ces peuples baignant dans l'indigence
Dont le quotidien se décline en insuffisances, en absences,
En présence de maux déshumanisant leur existence,
Croissance sans autosuffisance, sans autosuffisance
Surtout alimentaire gage d'une existence dans la décence

Croissance de dépendance économique
Croissance aux odeurs démagogiques
Cautionnées par des institutions économiques
Malicieusement au secours de dirigeants politiques
Désemparés par les conséquences de politiques
Désastreuses sources de la misère endémique
Dans laquelle se trouvent catapultés les peuples

Croissance à l'africaine,
Excroissance d'une hypocrisie mondiale, croissance,
Dont seuls les concepteurs en feignent l'impertinence

12

Pour une illusoire et vaine autosatisfaction
Croissance à l'africaine, duperie des peuples,
Arnaque des misérables ?

Dougoudia Konaté

J'ai mal

J'ai mal de ces dirigeants africains
Aux peuples aux présents et avenirs incertains,
Se comportant comme des soldats fantassins
D'un régiment de corps d'élite aux desseins
De servir ces continents au présent certain,
Contrecarrant leur futur incertain,
Par le pillage des ressources et biens africains

J'ai mal de ces gens à qui sont confiés nos destins,
Mal de ces responsables de nos nations,
Qui, comme une fille de joie se livrant sans émotions,
Ne peuvent dire non, jamais non à ces institutions
D'exploitation et d'oppression à la solde de nations
N'ayant autre fin que de faire prospérer leur domination

J'ai mal de ces soldats de l'extérieur,
De ces consultants expiant nos ministères de l'intérieur
Pour assurer moins notre sécurité intérieure
Que leurs propres affaires extérieures
J'ai mal de ces dirigeants africains,
Ces clients des hôpitaux parisiens, bruxellois, madrilène
Fuyant nos hôpitaux construits par eux,
Car conscients de nous avoir érigé des mouroirs
N'attendant que de potentiels candidats à la mort

J'ai mal de cette génération d'Africains
Nourris de la grâce des États autrefois providentiels
Qu'ils ont aujourd'hui catapultés dans la désolation
Dans la catastrophe et l'indignation
Par des guerres militaro-civiles de succession
Des États confinés aujourd'hui dans l'appauvrissement
Par le bradage des ressources naturelles
J'ai mal de ces responsables africains à la gestion gabegique
Par des dames entre vols pour du *shopping* en Europe
Par des progénitures, étudiants d'universités aux coûts
suicidaires,
N'attendant que la tombée de la nuit pour se voir
Accueillir en *guest stars* dans les boîtes huppées

J'ai mal de ces dirigeants africains,

14

Sans égard pour eux, car ne respectant la parole donnée,
Cet engagement dans le serment par eux prêté,
Sans égard pour les lois de la République,
Lois par eux-mêmes concoctées
Sans égard pour ces millions d'âmes
Croupissant dans la misère et la pauvreté
J'ai mal de l'irresponsabilité,
L'irresponsabilité de ces dirigeants, de nos dirigeants
J'ai mal, en fin mal de notre responsabilité,
Celle de nous être choisi des irresponsables.

Dougoudia Konaté

République, réplique des contraires

Dans la République, réplique des contraires
Les responsables sont irresponsables
On est si riche de tout qu'on croupit
Sous le poids de la misère déshumanisante
L'alternance tant espérée et conquise,
Est grippée par l'immobilisme constant
L'économie rime avec boulimie
Le législateur de la République
Devient violeur des lois de la République
Le contrôleur devient suiveur
La sécurité engendre l'insécurité
La justice incarne l'injustice
Les marchés publics sont octroyés
Aux plus offrants et aux moins outillés
L'école lieu de la pédagogie
Devient haut lieu de la démagogie
Le formateur manque de formation,
Au point d'être un artisan de la déformation
Hôpital lieu d'espoir de vivre,
Incarne le désespoir de la mort
Le journaliste agent informateur,
Éveilleur de conscience par sa plume,
Est désinformateur, sans état d'âme
Au pauvre est refusée l'assistance
Pour satisfaire le riche dans l'abondance
Les capables sont déchus, les incapables promus
La richesse rime avec paresse et incapacité
Labeur et capacité sont sources de pauvreté
Le travail et l'abnégation attirent plus de soucis,
Moins de reconnaissance et de sympathie
Le bourreau, sans état de conscience, se victimise,
Nargue sa victime et lui exige réconciliation
Au mépris de la moindre excuse,
De la moindre justice, seul espoir de la victime !

Dougoudia Konaté

16

Constitution africaine, drame africain!

Galvaudée de ta contenance, de ta quintessence
Par des révisions inopportunes et sans pertinence,
Mais juste pour contenter des politiques sans conscience
Dont la foi, la crédibilité sont visiblement en décadence

De Loi fondamentale de la République,
De rempart contre les dérives tribalo-ethniques,
De base d'union et de concorde nationales,
De résultat expressif du dialogue républicain,
Gage de cohésion nationale, incommensurable gain
Tu es, hélas, devenue notre drame, le drame africain

Constitution africaine, drame de l'Afrique,
De l'Afrique en souffrance, l'Afrique dramatique
Oui, source de désintégration nationale, tu l'es
Véritable pomme de discorde nationale, tu l'es,
Car issue de monologue malsain,
Au lieu d'un honnête dialogue républicain

Constitution africaine, drame africain
Tu es l'instrument tant rêvé, oui, le rêve
D'une minorité, cette minorité au service
D'un individu, oui, de l'Homme du moment
Lui, qui malicieusement, sadiquement,
Ne se bat que pour la sauvegarde, le renforcement
De ses intérêts égoïstes et claniques au détriment
De ceux de la République, une République n'existant
Que de prétexte pour Monsieur l'Homme du moment

Constitution africaine, drame africain
Prévue pour nous servir de boussole républicaine
Hélas mutilée en permanence pour des velléités malsaines
De patrimoine national et impersonnel,
Tu revêts les attributs d'instruments aux fins de
Patrimonialiser le pouvoir au profit de l'Homme
Cet Homme du moment, instigateur et commanditaire
De tes révisions fantaisistes, de tes tripatouillages
Charriant la nation entière dans un labyrinthe fatal
Aux conséquences dramatiquement meurtrières.

Dougoudia Konaté

17

Immigré

Cœur plein d'espoirs incertains
Et sans cœur joie pourtant,
Tu t'en es allé à la recherche
De cet introuvable bonheur

Tu as enduré la méchante canicule
De ce vaste désert du Sahara,
Bradé ces vagues mortelles de la Méditerranée
Ta vie, tu l'as donnée en sacrifice
Pour sauver celle des siens
Perdant repère par ton absence,
Mais se nourrissant néanmoins d'espoirs,
D'espoirs à chaque lever du soleil,
L'espoir de ton courage, de ta volonté,
Ta détermination à sacrifier ta vie pour la leur
Immigré, avec toi se partagera ta victoire
Ta défaite, tes déceptions, tu les assumes
Et les consommeras toujours seul,
Des envieux, tu en fais et en feras toujours,
Car ton séjour en terre étrangère,
Ils l'assimilent toujours à ce bonheur,
Qui te reste pourtant introuvable

Étranger en terre d'accueil, tu le demeures
Étranger de chez toi, tu l'es devenu
Critique, dénonce les tares de ta terre d'accueil,
On te demandera pourquoi tu ne t'en vas pas
Fais-le autant de ta terre natale,
Tu seras la cible des patriotes zélés
D'apatrides, tu seras, par ces zélés de patriotes,
Mais quand vient l'heure de sauver la Patrie,
Ta terre natale, on appellera à la solidarité
De tous, de l'intérieur comme de l'extérieur
Gonflé de ce clin d'œil et appel à la solidarité,
Tu te sens auréolé de l'honneur de défendre la Patrie

Mais tu tomberas dans les oubliettes, dès que tu voudras
Contester le mal que sèment les politiques domestiques,
Les sbires médiatiques te tomberont dessus à bras raccourcis
De tous les noms, tu en seras traité,

18

D'instigateur de troubles, de lâche ayant fui la Patrie.
On te dira : « La Nation ne se construirait point,
Si tous, comme toi, émigraient!»

Ô immigré !
Essuie tes larmes, garde en toi, l'espoir,
Cet espoir, qui est ta sève nourricière
Garde en toi la foi, les nobles valeurs
Du travail et de l'abnégation
Les seuls gages de la réussite!
Pardonne à ces patriotes zélés et sois fier de toi,
Car, nul doute, c'est dans l'union
L'union sacrée de tous **ses** enfants
Que se construit la case paternelle !

Dougoudia Konaté

L'Homme, cet hypocrite

La guerre, ils la créent, la font et l'entretiennent
Tout en feignant vouloir la combattre,
La guerre, ils en connaissent les causes
Ils en connaissent les instigateurs,
Mais ils jouent au trompe-l'œil
Par des colloques fallacieux,
Qu'ils croient pouvoir résoudre
Ce dont ils sont instigateurs

Hypocrisie humaine!
Ils te voient souffrir, te savent souffrant
Ils en sont même parfois responsables
Mais toute honte bue, toute hypocrisie bue,
Ils viennent compatir à ta douleur, à ta souffrance
Prompts à te proposer une aide hypocrite
Quelle horreur humaine!

Hypocrisie humaine!
Riche, tu auras tous les honneurs
De toi ils ne disent que du bien
Ils acquiescent tout venant de toi,
Pourvu qu'ils aient leur compte
Pourtant quand tu perds tes comptes,
Ils te tournent le dos, à toi et aux siens,
L'hypocrisie, notre visage hideux !

Hypocrisie humaine!
Ils ne disent jamais ce qu'ils pensent de toi,
Pourtant prompts à te médire à ton absence,
Ils te traitent de tous les qualificatifs méchants,
Ils te combattent au service, en famille,
Dès que tu tires ta révérence
Tu seras assaisonné
Au cimetière ce sera le comble,
Tu seras qualifié d'homme d'exemple
L'un des plus sociables et humains,
Même si ce fut le contraire!

Dougoudia Konaté

20

Fille des *Barro*

Ô Fille des *Barro*!
Ô Descendante des *Barro* de Syra!
Ô Grand-mère, Mère de mon père!
Que ne te dois-je pas ?
À toi, je dois ma vie,
À toi, je dois mes joies
Toi qui m'as forgé cette vie
Toi qui m'as toujours protégé contre
Ces êtres oh combien méchants
Toi qui fus ma mère, notre mère
Mère de ma mère, mère des orphelins de mère,
Mère de ces milliers de nouvelles mères,
Je te dis merci!
Merci pour tes qualités de dame de cœur partagé
Pour ton sens de la solidarité, de la vraie humanité
Pour ta légendaire bonté, ta bonté humaine,
Du fond de ta demeure,
Sache que tes dernières confidences me sont parvenues,
Sache que de tes derniers souhaits je ne perds aucun mot

Ô fille des *Barro*!
Ô descendante des *Barro* de Syra !
Tu fus pour moi ce baobab protecteur,
Pour moi, ce petit oiseau en quête de refuge salvateur
À présent, je te prie dans ton repos,
Ce grand repos éternel à moi cruel,
De continuer de me tuer sous les pieds
Ces petits vers de méchanceté humaine !

Ô fille des *Barro*!
Ô descendante des *Barro* de Syra
Femme de combat, femme de droiture,
Douée de sincère ouverture,
Tu fus ma couverture sans outre mesure
Ainsi tu fus et demeures
Celle qui éteint le feu de mes douleurs,
Tu m'enseignas ces valeurs, tel l'honneur
Je t'en supplie, écoute mon cri,
Le cri de mon cœur meurtri,
Je t'en supplie sans tri

21

Charge-moi de ta force de caractère,
Car dépourvu de ce caractère,
Je ne suis sur cette merde de terre
Que cet être sans repères
Gratifie-moi de ta légendaire bonté humaine emportée
Charge-moi de ton emblématique honnêteté,
Gratifie-moi de ton humanisme, cet humanisme vrai emporté
Charge-moi enfin d'énergie, de force nécessaire
Épargne-moi ces humains de lugubre méchanceté
Afin que tes ultimes confidences soient,
Afin que tes ultimes souhaits soient !
Baa, que ton repos éternel soit paisible !

Dougoudia Konaté

Grâce divine

Aimer sans contrepartie, tu sais le faire,
Lumière de mes ténèbres, tu m'effaças ce passé de calvaire,
Intrépide dans ton choix, tu fis le choix contre les adversaires
De nuit et assassins d'amour, pour les taire,
Élégante d'une élégance naturelle,
Pour moi, tu mis tout à terre,
Alors laisse-moi te dire que tu m'es une grâce divine,
Car ton cœur, tu me l'ouvris sans recours à la limousine

Ô don de Dieu, grâce divine !
Tu me radias ce passé douloureux,
Pour éclairer mon présent heureux
Pour me construire cet avenir merveilleux,
Dont tu as rêvé pour moi, toi, pour nous
Grâce divine, ton amour pour moi n'est point
Zèle, il n'est que sincère,
Incertain, il le fut par les adversités, mais
Élégant, il est comme cette élégance que tu portes en toi.
Base de notre amour, tu me fis confiance,
Synonyme, pour les adversaires, de défiance,
Mais pour moi synonyme d'ultime délivrance,
Enfant des belles hauteurs
Et de beauté naturelle, je ne cesse de
Découvrir tes valeurs exceptionnelles
Ô grâce divine !
Fille de ton Père et de ta Mère,
Laisse-moi entonner le chant de la grâce
Laisse-moi te dire que tu m'es une grâce,
Une grâce que je ne saurais mériter sans le bon Dieu
Laisse-moi te psalmodier l'hymne de l'amour : Je t'aime!

Dougoudia Konaté

23

Tel ce père, pourrais-je être ce fils?

Tel père, tel fils ?
Tu t'en es allé tout jeune, loin des tiens
Décidant ainsi de te donner en sacrifice pour leur bien
Tu vécus les affres et les adversités de l'aventure
Cette aventure menée à un millier de miles de la terre natale
Tout comme toi, je suis aussi allé très loin des miens
Les affres et adversités de l'aventure,
Je les affronte à des milliers de miles de la terre natale,
Avec la ferme résolution
De porter en moi l'espoir des miens,
Leurs espoirs internes,
Dont je n'oublie pas les termes
À tes principes de fraternité, tu es resté ferme,
Ferme jusqu'au terme
De ton séjour terrestre, dont la crème
Servit aux tiens et proches sans totem
Lui donnant ainsi de la saveur aucunement terne
La fraternité, tu l'as vécue sans ménagement,
La fraternité, tu l'as soutenue avec engagement
Sans regret, tu vécus la déception,
Déception que tu acquiesças dans la totale discrétion.
De l'honneur de l'autre, tu fis ton honneur propre,
Honneur que tu défendis tout âpre,
Dans la sincérité, dans l'honnêteté,
Dans l'humiliation de la maladie,
Mortel comme les autres, des choix, tu en fais,
Certainement de mauvais aussi, mais pas de méchants.
Tel ce père, pourrais-je être ce fils?
Repose en paix, Papa!

Dougoudia Konaté

24

Ô toi jeune!

Jeunesse africaine!
Jeunesse burkinabè!
Centre de tous les discours politiques,
Tu demeures pourtant victime de promesses démagogiques

Jeunesse africaine!
Jeunesse du Faso!
Convoitée par tous les vendeurs d'illusions
Tu n'es que l'éternelle oubliée
Maintenue et entretenue dans tes illusions!

Jeunesse africaine!
Jeunesse du Faso!
Autant de projets et de structures illusoirement en ton nom
Tu restes pourtant orpheline de tout
Au front de tous les combats libérateurs,
Mais toujours à l'écart de la table des décideurs

Jeunesse africaine!
Jeunesse du Faso!
Refuse ce sort auquel tu as été toujours confinée!
Refuse de n'assumer que ce rôle de chair à canon!
Lève-toi et revendique ta place!
La place qui est tienne, car
Entre tes mains se trouve ton salut,
Dans le cœur, la tête, se trouve ton salut
Dans l'union, celle vraie avec tes pairs,
Dans la solidarité, celle avec tes pairs et tes aînés!

Jeunesse de l'Afrique!
Jeunesse du Faso!
Sur toi, compte l'Afrique, la mère patrie, berceau de
l'humanité,
Sur toi, compte le Faso, la patrie de l'intégrité!

Dougoudia Konaté

25

J'ai peur

J'ai peur de la couleur du linceul,
Peur de la frayeur du cercueil.
J'ai peur de ce jour inévitable,
Où viendra mon tour,
De m'en aller pour toujours,
De ce jour où frappé par l'ultime sentence,
Le corps inerte imposera silence à l'assistance,
Silence et respect à la foule de circonstance,
Venue par compassion pour les proches
Frappés dorénavant de la présence de mon absence,
Par la peur de ce jour à eux aussi inévitable
J'ai peur de la présence de mon absence,
De l'inexistence de ma présence,
De ce jour où je ne serai que corps sans pouvoir
Où les espérances et espoirs
En moi placés au soir
De ces neuf mois de souffrance, seront à leur soir,
Où je quitterai ce territoire,
Celui des vivants, pour échoir
Dans cet autre monde où le voyageur sans bagage,
Est logé dans un appartement sans partage
J'ai peur de l'accueil des ancêtres,
Sans honneur peut-être!
J'ai peur du blanc, le blanc du linceul
J'ai peur du linceul, le linceul dans le cercueil,
J'ai peur du cercueil, le cercueil de mon corps,
J'ai peur du cercueil, le cercueil de la mort,
J'ai peur de la mort, la mort des mortels,
J'ai peur, peur de la mort, de ma mort,
Sans pourtant démordre de la vie,
Dont j'ai une insatiable envie,
Malgré ces innombrables péripéties,
Dont j'ai une immense peur,
Peur de ne pouvoir être à la hauteur
Des espérances suscitées chez mes géniteurs,
Et de mon rôle, ce rôle si noble de géniteur,
Ce rôle si doux et si difficile.

Dougoudia Konaté

26

Peuple burkinabè, Peuple de rêve

Tes ancêtres de la Haute Volta, pleins de rêves,
S'insurgèrent contre le colon,
Contre sa force d'oppression et d'humiliation,
Ils nourrissaient le rêve, celui de la liberté,
Celui de la dignité et de l'émancipation,

Peuple burkinabè, Peuple de rêve,
Tes devanciers voltaïques, pleins de rêves
Et d'espoirs dans une nation indépendante,
Conquise dans la ferveur résistante et militante,
Espoirs pourtant trahis par les vassaux des forces avilissantes
Oui, tes devanciers voltaïques,
Ces femmes et hommes au courage emblématique,
Se soulevèrent dans la solidarité militante pragmatique
Contre la République jadis dans une décadence chaotique
Entre les mains d'apprentis politiques
Parachutés aux affaires à coup de trahisons internes
Avec l'appui et les bénédictions des forces externes,
Ils s'insurgèrent contre la nation en décadence
Par les abus de pouvoir des responsables,
Ces responsables sans responsabilités
Prenant le peuple déçu en dérision,
Contre l'humiliation et le déshonneur,
Pour leur dignité, la dignité d'être Homme,

Peuple burkinabè, peuple de rêve
Suivant des ascendants de la Haute Volta,
Fier de tes ancêtres voltaïques,
Résolu à jamais pour réaliser ton rêve
Celui de la dignité humaine, ton rêve
D'un Burkina Faso, terre de liberté,
Dans l'espoir d'une nation plus juste,
Une nation aux épithètes et attributs républicains,
Dans l'espérance d'un pouvoir impersonnel,
Pouvoir aux attributs et épithètes démocratiques,
Oui, descendant des voltaïques,
Tu te battus contre les dérives d'un pouvoir,
Ce pouvoir aux allures monarchiques,
Contre ce pouvoir tu versas ton sang, le sang de tes enfants
Peuple Burkinabè, peuple de rêve

27

Un rêve sans fin, car l'injustice est sans trêve
Un rêve sans fin, car la corruption est sans trêve
Un rêve sans fin, car l'inconséquence politique est sans trêve
Un rêve sans fin, car la bonne gouvernance est en grève
Un rêve sans fin, car la transparence est en grève
Un rêve sans fin, car l'économie est à la traîne
Un rêve sans fin car le bien-être du peuple est à la traine
Un rêve sans fin, car les solutions idoines sont à la traine
Un rêve sans fin, car les travailleurs sont en grève
Un rêve sans fin, car, car, car ...

Dougoudia Konaté

Mère sans maternité

Dépourvue de maternité,
Tu ne manques pas de dignité,
Orpheline de maternité,
Tu ne l'es pas de ta féminité,
Dépourvue de maternité,
Tu ne l'es point de ton humanité
Ô Femme sans maternité !
Ô mère sans maternité!
Sèche tes larmes de tristesse!
La tristesse de la douleur,
De la douleur du malheur,
Le malheur, peut-être, de n'avoir eu
Cet être qui t'aurait pu être cher,
Qui t'aurait pu être un rempart,
Le malheur peut-être de n'avoir pas
Goûté à ce probable bonheur,
Le bonheur d'être mère de cette fille, de ce fils,
Probable bonheur, car autant de mères
Souffrent du bonheur amer
D'être indexées comme les mères
De ces enfants sans repère,
Car autant de mamans désabusées
Par ces enfants ayant failli aux espoirs en eux placés,
Par ces progénitures dont elles souffrent la douleur,
Ô femme orpheline de maternité!
Ô mère orpheline de maternité!
Adoucis ton cœur que meurtri
De l'indescriptible souffrance,
La souffrance de n'avoir jamais goûté à ce cri
Du jeune être dont tu rêves sans relâche!
Décharge-toi du poids de ces regards sans cadeau,
D'un entourage aux comportements de badauds,
Te médisant de malchance de n'avoir porté au dos
L'enfant tant souhaité et désiré,
Ô Femme, orpheline de maternité!
Sans maternité, tu n'es pas sans dignité,
Sans maternité, tu n'es pas sans féminité,
Sans maternité, tu n'es pas sans humanité,
Ô mère orpheline d'enfants!
Sans enfant, mais adorant les enfants,
Sans enfant, mais mère de tout enfant.
Dougoudia Konaté

29

De l'autre côté

Hier ensemble du même côté,
Nos préoccupations avaient de la côte,
Parti aujourd'hui de l'autre côté,
Nos préoccupations, tu les as mises de côté,
Criant de notre cœur, de notre douleur,
Tu nous vois, débordés d'aigreur,
Lançant notre coup de gueule,
Tu nous traites d'avoir une longue gueule
Te reprochant d'avoir trahi notre objectif
Tu nous répliques d'être moins objectifs,
Te déniant de la bonne vision,
Tu nous trouves plein de passions,
Te signifiant tes actes de désunion sociale
Tu nous traites de menaces pour la cohésion sociale
Te faisant des propositions dans notre posture républicaine
Tu ne perçois en nous que de l'opposition malsaine,
Parce que tu es de l'autre côté,
Rien n'est plus comme avant,
Car tout ne marche pas comme avant,
Parce que tu es de l'autre côté,
Tout pour toi est comme le printemps dans sa beauté,
Toi, tu es dans l'absolue vérité
Et nous, nous sommes dans l'obscurité,
Te revendiquant les conditions de notre dignité,
Tu nous en veux pour déloyauté.

Dougoudia Konaté

Ne m'accuse pas!

Ne m'accuse pas!
Moi qui suis célibataire,
Ne m'accuse pas en ignorance de mon calvaire
Ne me traite pas de vulgaire!
Parce que menant en solitaire,
Ma vie, celle à moi, celle qui m'appartient
De ton camp, je ne suis pas sociétaire,
Mais de ton choix, je me reconnais solidaire,
Moi qui suis célibataire,
Je t'en supplie, sois solidaire
De mon choix de vie en solitaire,
De mon pis-aller peut-être de vivre en solitaire
Si c'est mon choix de vivre ainsi
Souffre que je sois célibataire
Aies un regard compatissant pour mon pis-aller
Dans lequel je suis confiné,
Ne me qualifie pas de distributeur,
Distributeur de joie et de plaisir sexuel,
Car je ne le suis pas,
Ne m'étiquette pas comme prestataire de service sexuel,
Car je ne suis point ce prestataire de désir libidinal,
Auquel tu tentes méchamment de me confondre
Je suis moi, je me demeure,
Je me resterai autant que je pourrai,
Autant que je pourrai affronter ces regards
Pleins de mépris et de dédains,
Des regards qui pourtant devraient signifier compréhension
Pour mon choix de vivre en solitaire,
Des regards qui pourtant me devraient apporter compassion
Pour un pis-aller de vivre en solitaire.

Dougoudia Konaté

31

École aux mille métiers

École burkinabè, école aux mille métiers,
Car regorgeant d'agresseurs
Par ces apprenants frappeurs d'éducateurs
Par ces élèves au métier de brûleur
Brûleurs de domiciles d'enseignants
Brûleurs de biens d'enseignants
École aux mille métiers, car regorgeant de formateurs,
Formateurs aux multiples métiers
Par certains proviseurs vendeurs,
Dealers de places n'attendant que
La traite de septembre pour s'attacher les services
De démarcheurs mis à la recherche
De chercheurs de places en quête de sauveurs
Par des directeurs transporteurs de carcasses de mouton,
Voulant faire plaisir à des supérieurs assureurs de postes,
École burkinabè, école aux mille métiers
Par des éducateurs coureurs de jupon,
Par des professeurs tripatouilleurs de notes,
À l'image de dictateurs tripatouilleurs de constitution,
Par des enseignants fraudeurs de volumes horaires,
École aux mille métiers, aux enseignants
Confinés dans un rôle que celui d'instruire,
École aux encadreurs chômeurs,
Aux encadreurs en navette permanente,
Car manquant certainement d'occupations
École au métier de formateur de chômeurs,
Aux sortants aux avenirs certainement promis au chômage !

Dougoudia Konaté

32

Qu'ils se détrompent!

À toi nous avons cru,
Car nous croyons à cette Terre du Burkina Faso,
Mais pas à un homme,
À toi nous avons cru,
Car nous entrevoyons un autre avenir
Pour nous et nos progénitures,
Notre foi en toi ne s'est jamais émoussée,
En aucun moment, car nous
Nous refusions à croire à des humains
À ceux-là que nous nous sommes choisis pour t'incarner,
Toi, Terre sublime et d'espérance
À nous léguée par nos devanciers !
Pourtant, hélas, ces Hommes par nous choisis
Ne t'ont jamais cru, Terre du Burkina Faso,
C'est à leurs intérêts qu'ils croyaient
Ils croyaient se jouer de nous
Et ils se sont joués de nous
De nos martyrs, de Toi,
De nous, ils se sont joués !

Dougoudia Konaté

Les médailles de l'amertume

Nous en avons assez,
Assez de ces médailles d'amertume
Décernées, d'ordinaire, hors coutume,
Faisant aujourd'hui honteusement coutume,
De ces médailles à titre posthume,
De ces décorations, ô combien, inopportunes,
De ces distinctions suscitant l'amertume

Nous en avons assez
De ces fils récipiendaires à titre posthume
De ces enseignants célébrés à titre posthume,
Emportés peut-être par un ridicule rhume,
De ces journalistes distingués à titre posthume,
Diabolisés, de leur vivant, à cause de leur plume,
De ces combattants décorés à titre posthume,
N'ayant pourtant reçu que de simples costumes
Pour défendre la nation en détresse

Nous en avons assez
De ces foules de circonstances en costume,
Aux yeux feignant des larmes d'amertume,
Prononçant des oraisons funèbres
Glorifiant hypocritement de malheureux récipiendaires,
Dont les proches ne sauront se consoler
De médailles à titre posthume, de médailles d'amertume.

Dougoudia Konaté

Méfie-toi!

Méfie-toi
Du membre du sérail,
Qui après avoir été de ses entrailles
Après y avoir perdu la bataille,
La conquête du gouvernail
A désormais fait de la dénonciation son travail !

Méfie-toi
De l'opposant nouveau
Dans son rôle nouveau,
Car il inverse ancien et nouveau
Il oublie que tout ce qu'il dénonce
N'est point nouveau,
Il est analyste d'un angle nouveau !

Méfie-toi
Du compagnon déçu,
Déçu pour les promesses non tenues
Ses propos sont parfois cousus
De moins de vérité que de revanches
Les dénonciations souvent plus aigres que franches,
Car se sentant flagellé par des ex-compagnons,
Dont il te dira tout connaître, jusqu'aux minuscules maillons!

Méfie-toi
Du geôlier attendant l'inévitable sentence,
La sentence de la condamnation sans clémence,
Car comme un cadavre ne craignant plus la machette,
Il se croit en possession d'une arme, dont la gâchette
Lâchée emportera les juges et les jurés !

Méfie-toi
Du journaliste autrefois du sérail,
Accompagnateur d'ancien régime
Et détracteur de nouveau régime
Sa plume plus empreinte de nostalgie,
Perd si vite le chemin de la déontologie,
Sa quête d'indépendance est plus prétexte,
Sa vérité n'est que reflet de son contexte
Ses dénonciations, qui nous laissent perplexes,

Cachent souvent une réalité revancharde!

Méfie-toi
Du disciple du prophète,
Plus que le prophète, il prêche sa parole,
La parole prophétique dans l'excès
Dans son agir, aucun reflet du prophète
Chez lui, tout n'est que trompe-œil
Il te prêche l'honnêteté dans la malhonnêteté
Il te prêche l'humilité dans l'arrogance
Il te prêche la sobriété dans l'excès !

Méfie-toi!
Méfie-toi du politicien déçu !
Méfie-toi du geôlier attendant
L'inévitable sentence de condamnation !
Méfie-toi de l'opposant nouveau,
Le soi-disant radical !
Méfie-toi du journaliste déflaté !
Méfie-toi du disciple du prophète !

Dougoudia Konaté

Le jour, où...

Le jour où notre école sera notre reflet,
Le reflet de notre société, sans regret
Et non celui de l'autre, en fût-il, le bailleur
Le jour où notre école sera de notre moule

Le jour où humanisée, notre école sortira des paillotes,
Qui reviendront aux étals et aux hangars
Le jour où se fera le deuil de ces écoles sous paillotes,
Et naîtra une école formant des patriotes

Le jour où nous ferons le deuil de ces hôpitaux,
Sites de mort au point que nos dames et sieurs
Deviennent les clients de luxe des « Valles de Grâce »
Le jour où Monsieur le Président
Sera patient, client de nos hôpitaux

Le jour où ces paysans du village, reconnus
Dans le rôle d'artisans du développement
Vivront dignement des fruits de leur labeur,
À travers la transparence dans le commerce de leur
Production acquise à gouttes de sueur

Le jour où ces milliers de jeunes croiront
Aux vertus du travail, à ses inoxydables valeurs,
Au travail comme unique chemin vers le bonheur
Le jour où ils cesseront d'être ces coureurs
Voulant par des raccourcis, rattraper l'heure,
Qui s'avère le plus souvent celle du malheur

Le jour où les dirigeants accorderont leurs violons
Pour briser les accords, ces cordons de la domination
Noués avec les puissances et forces d'exploitations
Pour rejeter les instructions de leurs patrons,
Ces parrains qu'ils servent en poltrons,

Le jour où seront rejetés ces accords militaires
Suscités, par des conseillers militaro-politiques félons
Le jour où seront rejetés ces accords monétaires,
Conclus, signés et défendus par des dirigeants poltrons

37

Aux comportements frisant le nouveau colon

Le jour où les accords de partenariats économiques
Avec les puissances dites grandes seront francs
Accords souvent suicidaires imposés par les parangons
De la finance mondiale qui les considèrent comme du torchon
Quand leurs intérêts sont dans le tourbillon

Le jour où nous chanterons l'hymne de l'union
En mettant en emphase nos intérêts communs
En plaçant dans nos cœurs les valeurs de la nation
Au détriment de celles de la région, de l'ethnie
En pensant le « nous » de l'union et de la solidarité
Au détriment du «je » individualiste et égoïste,
Ce jour-là, sera enfin celui de notre développement !

Dougoudia Konaté

Refugié!

Réfugié des Congo, de la Somalie,
Refugié d'Iraq et du Mali,
Réfugiés de la Palestine et du Nigeria,
Réfugié du Yémen et du Liberia
Réfugié de la Colombie et du Sri Lanka
Réfugié de la Casamance et de l'Afghanistan
Réfugié des Soudans et de la Lybie
Réfugié de la Côte d'Ivoire et de la Syrie
Réfugié de la Birmanie et d'Érythrée
Refugié du Burundi et de la Guinée

Réfugié d'Asie, d'Amérique, d'Afrique
Réfugié du monde, Refugié de guerres
Civiles, militaires, politiques et économiques
De guerre tout court, guerre expression
De folie, de bêtise humaine, d'animosité de l'Homme,
Créature divine, Enfant d'Adam et d'Ève
Créature aux instincts grégaires plus que le lion de la faune
Créature sans pitié aucune ayant réussi la prouesse
De s'autodétruire, d'avoir troqué son humanité
Contre la folie, la bêtise animale, contre l'animosité,
Nouvelle identité révélée de l'humanité,
Tragédie absolue de l'humanité
De notre temps, une humanité méconnaissable
Depuis lors par le créateur à cause de sa mue,
Sa dénaturation étrange, de sa déshumanisation

Réfugié d'Asie, d'Afrique
Réfugié d'Amérique, d'Europe
Réfugié du monde, réfugié de la terre
Tu es l'expression de la tragédie de l'humanité
Contraint à la quête d'un nouveau refuge
Où ta souffrance est sans fin
Par ces regards pleins d'incompréhensions
Voire de haine qui te fustigent,
Dans ce nouveau refuge
Tu es objet de préjugés
Dans ce nouveau refuge,
Ta terre d'accueil, tu es objet de litiges
De litiges politico-économiques qui mitigent

39

Ton sentiment d'être un jour au bout du tunnel,
Ce tunnel de la souffrance, du calvaire artificiel
Dont la traversée semble éternelle

Réfugié d'Afrique, d'Asie, d'Amérique
Réfugié du monde et de la terre,
Tu nous interpelles
Ton sort, ce sort pitoyable nous interpelle
Interpelle notre conscience
Dont le deuil semble visiblement fait

Réfugié de la terre, tu nous interpelles
Sur notre dérive, notre bêtise, notre grégarité,
Notre dénaturation étrange, notre déshumanisation !
Vivement que cette interpellation fasse écho !

Dougoudia Konaté

Droit légitime, mais...

Tu as droit à la vie, un droit absolu et suprême,
Mais ton devoir de protéger la vie d'autrui
Est aussi impératif et suprême
Tu as le droit de décider
Parce tu en es investi légalement
Mais ne perds pas de vue ce devoir d'écouter,
Devoir légitime à l'égard de tes concitoyens,
Dont les sorts te sont républicainement confiés
Au bonheur, tu as le droit légitime,
Mais épargner les autres du malheur,
Est un devoir que tu te dois d'assumer
Tu as le droit légitime, même absolu
D'avoir, de nourrir et réaliser ton ambition,
Mais sans mettre en péril la nation,
Dont la sauvegarde et la protection
Te sont un devoir, une impérative obligation
Sans égard aucun pour ton ambition !

Avoir des opinions, tu en as le droit
Les exprimer, tu en as, légitimement
Et absolument le droit, mais également
Ce devoir, celui du respect des opinions d'autrui
Critiquer les autres, leurs actions, tu en as le droit,
Mais éviter le mensonge, la délation et la calomnie
Est bien un impératif que tu te dois de t'imposer
Tu as le droit légitime, et même absolu de grève,
Mais tâche d'éviter que la société en crève !

À la vie sans la mort d'autrui,
Tu as droit, et absolument
À l'ambition sans destruction de la nation
Tu as légitimement droit
Décider dans l'écoute,
Tu en as le droit, légalement et légitimement
La grève sans que personne n'en crève,
Tu y as droit, et légitimement
Avoir et exprimer tes opinions
Dans le respect des autres,
Tu en as le droit, aussi légalement que légitimement,
À la critique, mais sans calomnie ni délation aucune,

41

Tu y as droit, aussi légalement que légitimement
Au bonheur, tu y as légitimement droit
Tout en n'engendrant point le malheur des autres !

Des droits légitimes, tu en as, des droits
Autant légitimes, légaux et absolus que des devoirs
Que tu perds égoïstement et malhonnêtement de vue !

Dougoudia Konaté

J'ai péché

J'ai péché, peut-être
Par peur, par couardise, par hypocrisie
J'ai péché de n'avoir pu te dire
Et reconnaitre la vérité, une vérité qui
Nous aurait tous soulagés et libérés

J'ai péché, peut-être
Par incompréhension, par ignorance, par arrogance
De ne t'avoir rendu reconnaissance,
Reconnaissance pour ton inestimable assistance
Quoique tu n'en aies fait discrétion
Une assistance sans laquelle ma vie, mon existence
Aurait perdu de sa saveur, de sa consistance

J'ai péché, peut-être
Par revanche, par jalousie, par méchanceté
Pour ces mensonges, ces médisances
À ton égard et sans raison aucune, j'ai péché,
Péché de n'avoir pu te dire en face, toi mon frère,
Toi ma sœur, ce que je pense de toi

J'ai péché, peut-être
Par indifférence, par insouciance
J'ai péché de ne t'avoir accordé assistance
Cette assistance qui aurait changé ton existence

J'ai péché, peut-être
En âme et conscience, par inadvertance
J'ai péché de t'avoir offusqué, offensé et frustré,
De cette offense, de cette frustration, tu as une douleur
Une douleur pénible que tu as du mal à me pardonner

J'ai péché, peut-être
Par revanche, par vengeance, par orgueil
J'ai péché, d'avoir refusé ton pardon
D'avoir méprisé ton excuse, une excuse
Vraisemblablement sincère qui t'aurait soulagé

J'ai péché, peut-être
Par incompréhension, jalousie, égoïsme

43

J'ai péché d'avoir abusé de ta confiance
D'avoir trahi cette confiance en moi placée
D'avoir trahi ton amour pour moi

J'ai péché, j'ai péché peut-être
Par peur, par couardise, par hypocrisie
Incompréhension, par ignorance, par arrogance
Par indifférence, par insouciance

J'ai péché, peut-être
Par jalousie, par méchanceté, par égoïsme
Par revanche, par vengeance, par orgueil
En âme et conscience, par inadvertance

J'ai péché, j'ai péché, j'ai péché !
Mon péché sera-t-il enfin absout ?
Ma repentance aura-t-elle l'écho souhaité,
Écho favorable absorbant ce regret
Qui me ronge d'un feu aux flammes infernales ?

Dougoudia Konaté

Espoir

Espoir, essence de la vie!
Espoir, énergie vitale!
Espoir, source de réussite!

Ô toi qui souffres de la maladie,
Maladie source de tragédie
Ô toi qui souffres de la tristesse
Du deuil du prince, de la princesse
Dont tu te souviens sans cesse
Ô toi qui souffres de l'humiliation de la misère
La misère dans une vie sans repères
Ô toi qui souffres le mal de la trahison,
La trahison au sein de la commune maison
Ô toi qui souffres l'amertume de l'abandon,
Du rejet par des proches sans pardon

Ô toi qui souffres le mal de l'échec,
Fais de l'espoir ton remède!
Fais-en ton eau-de-vie !
Fais-en ta richesse!
Fais-en ton confident!
Fais-en ton compagnon!
Fais-en ton succès!

Ô espoir, essence de la vie!
Ô espoir source vitale!
Ô espoir, source de réussite!

La mère souffre la longue douleur
De la grossesse pour l'espoir du bonheur
Dont l'enfant à naître serait le porteur
Le chasseur, muni de son arme,
Se lance à la conquête de la forêt
Avec l'espoir de ne revenir bredouille
D'une conquête, ô combien, périlleuse
Sans espoir, David aurait-il vaincu Goliath ?
Sans espoir, Madiba aurait-il vaincu l'Apartheid ?

Espoir, essence de la vie!

45

Espoir, énergie vitale !
Espoir, source de réussite!

Dougoudia Konaté

S'unir

S'unir
Malgré les différences
Les différences politico-sociales,
Les différences régionales et nationales
Les différences religieuses et économiques
Les différences ethnico-claniques

S'unir
Dans la différence et dans la diversité
Malgré les inévitables adversités
Inhérentes à l'essence de l'humanité,
Cet être par excellence d'universalité

S'unir
Pour briser les murs de méfiance
Et s'accorder mutuellement confiance,
Pour capitaliser les différences et divergences
Pour que se compensent faiblesses et forces
En dépit des conflits inévitables en permanence

S'unir pour réussir
Pour réussir le présent et le futur
Pour surmonter les blessures
Du passé afin de garantir
Un avenir radieux sans fissure

S'unir pour réussir
Pour construire ensemble
Le seul patrimoine valable
Qu'est la maison commune
La nation, cette inestimable fortune
Dont chacun doit en garantir
La prospérité et l'avenir

S'unir pour réussir
Pour ne pas ensemble périr, mais devenir
Ensemble une nation forte dans la justice,
Ensemble une nation forte dans la tolérance
Pour le bonheur de l'humanité s'unir, s'unir, s'unir !

Dougoudia Konaté

47

Dougoudia KONATÉ, à l'état civil Seydou KONATÉ, est né en 1980 à Ahondo en République de Côte d'Ivoire. Il fit ses études primaires à Tigan (Burkina Faso) avant de poursuivre le premier cycle du secondaire au CEG de N'Dorola. Après l'obtention du Baccalauréat Série A au Lycée Diongolo Traoré de Orodara, il fit des études germaniques à l'Université Joseph Ki-Zerbo de Ouagadougou. Il est titulaire d'un CAPES/Allemand et d'un Certificat d'aptitude à l'emploi de Conseiller Pédagogique de l'Enseignement Post-primaire et Secondaire (option Allemand) obtenus à l'Université Norbert Zongo de Koudougou. Dougoudia KONATÉ vit et travaille en Allemagne après y avoir obtenu un master en sciences de l'éducation à l'Université Technique de Dresde.